AF275699

EL ESTUDIO MINUCIOSO DEL AMOR

EL ESTUDIO MINUCIOSO DEL AMOR

DAHIANA ERLICH

Valparaíso
EDICIONES

Número 536 de la Colección VALPARAÍSO DE POESÍA
dirigida por FEDERICO DÍAZ-GRANADOS

Diseño de colección y portada: Chari Nogales
Maquetación: Carlos Henson

Primera edición: noviembre de 2025

© De los poemas: Dahiana Erlich
© Diseño de portada: Yael Erlich

© Valparaíso Ediciones
  C/ Fray Leopoldo, 7 bajo, 18014 Granada
  www.valparaisoediciones.es

ISBN: 979-13-88007-00-2
Depósito Legal: GR 1610-2025

Impreso en España - *Printed in Spain*
Gráficas Gami

Cualquier forma de reproducción, distribución, comunicación pública o
transformación de esta obra solo puede ser realizada con la autorización
de sus titulares, salvo excepción prevista por la ley. Diríjase a CEDRO
(Centro Español de Derechos Reprográficos) si necesita fotocopiar o es-
canear algún fragmento de esta obra (www.conlicencia.com; 917021970
/ 932720445)

*El papel utilizado para la impresión de este libro está calificado como papel ecológico
y procede de bosques gestionados de manera sostenible*

EL ESTUDIO MINUCIOSO DEL AMOR

A mis padres, Marcelo y Gladys
por la libertad

Y cada cosa que me sucede yo la vivo aquí anotándola
CLARICE LISPECTOR

LA FOTO EN LA CREPERÍA

Ahí disfrutándonos
plenos.
Sin jornadas amargas,
ni habernos reproducido.
Amigos y felices,
sin tener que perdonarnos aún.

Qué lindo eso,
cuando nos creímos invencibles.

POLILLAS

Días y días
intentando sacarlas,
cuando creo que las maté a todas
aparecen en otro recoveco
distinto al que vigilé.

Ya no se esconden
en los pliegues del armario
ahora sus larvas
están al interior
de los frascos en la alacena.

Las veo apropiarse
de nuestro alimento.

En concepto gusano
son asquerosos
en transición también
como polilla desagradables
y molestas.

Me pregunto
en qué momento
lo decidieron,
es decir:

sintieron que esto
era un hogar para asentarse
y vivir su vida.

Son bien tontas
si tuvieran algo de inteligencia
notarían que no hay nada
que las pueda nutrir
en esta casa estropeada.

Y además
tarde o temprano
las voy a encontrar.

Que no se note
que hay polillas en esta casa.

DISTANCIA

En la misma cama
y no sabés
quién soy
ahora.

NOSOTROS

Todos piensan que encajamos
y algo de verdad hay
es decir: nos queremos mucho.

Aun así
nos miran
como si esto fuera fácil.

No saben
del esfuerzo cotidiano,
que las cosas
llevan su trabajo,

y que no siempre
hemos sido
lo mejor
el uno para el otro.

¿Cuánto tiempo puede estar uno sin reírse?

BENITO BLANCO Y ECHEVARRIARZA

Tal vez este apartamento de Benito Blanco empezó trunco:
el descuido en esos roperos desprolijos
la dejadez en las tomas de luz manchadas de pintura
el piso de madera levantado
el inodoro amarillento
los cajones de la cocina flojos
el padre armando valijas
la madre sola mira el balcón sucio
la bebé se despierta cada cuarenta minutos.

INGENUIDAD

Abrazás hasta oler su perfume Burberry,
te dejás acariciar la frente por las mañanas
escuchando Anthony and the Johnsons,
aceptás el vino y la charla hasta la madrugada,

armás algo parecido al amor.

Lo buscás.

No estás pensando
cómo será
criar hijos juntos.

RESTAURACIONES

Me deprimen
las restauraciones,
el trabajo meticuloso
y detallista
de tapar.

Nos empeñamos
en hacer permanecer
algo que se deterioró.

Aquí no pasó nada:
sonreímos como siempre,
vamos a los cumpleaños,
celebramos navidades.

Seguimos frente a los otros
como si el dolor
no hubiera tocado a la puerta.

PARTO

Mi hija salió por mi vagina
con el codo hacia adelante (dijeron)
de esta forma fue que me desgarró
y tuvieron que coserme.

Lávate tres veces por día con jabón neutro dijo la partera.

Ni me enteré de esos puntos,
pero con mi niña en brazos
empecé a temer que se infectaran.

No podía tolerar otro dolor
ni siquiera un rasguño.

Me lavaba la herida
y notaba los cambios.
Al tocarme
sentí un olor
no era desagradable, era fuerte.

Cuidaba y cuidaba la zona,
el padre revisaba.

Un día llamé a una señora
para que me ayudara con la lactancia
y como era enfermera
le pedí que la mirase.

Me abrí ante ella
en el sofá de mi casa.
Dijo que el olor era normal
que nos enseñan a taparlo.

Le conté que los pezones también dolían
de manera insoportable
que las mujeres a las que consulté
me pedían que aguantase, que iba a pasar,
pero no pasaba.
¿Quién le diría eso a un hombre si le doliera el pene?
contestó y me ayudó, muchísimo.

Poco a poco fui comprendiendo
lo que nadie me dijo:

para que haya vida
el desarme es total.

ERES UN CACHORRITO

Te veo caer,
das un paso firme
levantando tus brazos
los puños cerrados toman
impulso y tropezás.
Dejás tu nariz en mis pechos,
te acurrucás,
olés hasta encontrar
el aroma que te adormece.
Reptás hacia mí
en busca de alimento
y allí te quedás,
satisfecha.

Ahora
me doy cuenta:

soy un mamífero,
lo salvaje vive en mí.

RAZONES PARA ABRAZARTE

porque tu pelo huele a jazmín
y a masa de pan
porque alguien puede hacerte daño
pero no si estoy ahí,
porque me haces mimos
y cabes en mi cuerpo,
porque puedo contenerte en él
y así nos curamos.
Porque nuestras pieles juntas son casa.

UPA

Estás en mis brazos
siento el peso de tu cuerpo rendido,
apoyás tu cara en mi pecho
solo puedo ver uno de tus ojos
castaño, brillante, que recorre
detenidamente mis rasgos,
labios, mejillas, párpados.
Te encuentro con la mirada
y ahí nos quedamos.

El estudio minucioso del amor.

LUMINOSIDAD

Mirás la planta de albahaca
en la maceta beige sobre el aparador,
está tristie, decís
y buscás el regadero,
lo llenás con cuidado para no volcar.

Hidratás la tierra,
caen gotitas sobre la alfombra,
me mirás buscando aprobación.

Días después me interrumpís en el baño
para enseñarme los tomates que dejamos al sol:
ya no están verdes, se ven radiantes y es rojo su color.
Mirá mamá, están madrugando.

Te veo en el detalle de atender
y mi vida se ilumina
brilla como un reflejo.

ESCENA

Un niño lleva
a su hermana en brazos,

la bebé está
completamente apoyada en él
entregada, confía.
Su mundo es sostenido.

Y el niño camina con paso firme
junto a su padre por la acera del garaje
feliz con su responsabilidad.

Qué tanto y tan poco se necesita para cuidar de una vida.

MI FILHA

El viento mueve tus rulos en el balcón
al fondo hay ruido de ómnibus,
nosotras nos dejamos llevar.

Sucede en cámara lenta,

mirás cómplice y yo
me entrego como puedo:

corro despacito,
así podés alcanzarme
hago pavadas con la cara
me muevo con sigilo
imito el sonido de un pájaro chillón,
te reís.

Estamos en este balcón
lleno de ruido urbano
sucio de hollín.

Y recién estoy entendiendo
de qué trata el amor.

YO NO HE CONOCIDO NADA TAN PERFECTO

Como la cara de mi hija
el runrún de su respiración
el contorno de su boca colorada
por pasarse la lengua una y otra vez.
Su pelo de la frente mojado de sudor
las manos pequeñas haciendo movimientos precisos:
un intento de abotonar la camisa,
peinar la cola suave de su pony, escribir *somos familia*.
Su peluche en mano y sus pasos veloces por el corredor
para llegar a nuestra cama, su afecto desbordado
regalándolo todo; piedras, ramitas, dibujos,
sus intensas ganas de jugar, de que la vida sea buena.

ENGANCHE

Contacto a todas las madres
recientes que conozco
pidiendo ayuda,

que cómo hacer el enganche
si intentar tal o cual postura
si usar pezonera,

pruebo todo.

Busco en youtube
en internet
voy a charlas con asesoras de lactancia
y lloro mucho,
porque siento dolor,
un dolor insoportable.

Soñaba con amamantar a mi hija
pero ahora sangro
al saciar su hambre.

Me desvelo buscando ayuda
no paro de investigar,
ningún consejo sirve.
No quiero tener que darle fórmula,
perder lo que mi cuerpo está produciendo.

Como si una pudiera elegir
qué tipo de madre es.

REVOLUCIÓN

La sábana mojada por la leche
el pañal empapado al lado de la cama
tu boca dañando mi pezón hasta sangrar
mis lágrimas que te caen en el pelo
y no tengo a quién reñir.
Tus ojos almendra me miran
los rulos infinitos en degradé
el hoyuelo de tu carita
la mugre que se junta en tu cuello.

JULIA

Perseguirte por el pañal,
la campera, los championes,
perder la paciencia.
Hacer monerías y escuchar tus carcajadas,
mis ojeras en el espejo del baño.
Mamá mala gritás llorando.
Tus piecitos corriendo hacia mí
hasta abrazarnos,
mis dedos sacándote las migas de la ropa
tu cabeza sobre mi pecho
nuestras respiraciones alineadas.

Vivir sabiendo que nuestros hijos se pueden morir, qué castigo.

UNIVERSO

Mi vestido se mueve con la brisa
escucho las ranas cantar
en el pantano,
caen gotas de agua
desde el oscuro cielo.

Los pensamientos me desbordan
pero la naturaleza
cuida,
regala un viento breve
en medio de la humedad,
desprende hojas
que tocan mi rostro,
me despierta con suavidad,
la escucho en susurros

siempre estuve aquí, me dice
siempre fui tu madre.

HABER CRECIDO EN DURAZNO

Escuela pública
olor a mandarina en las manos
calles angostas de hormigón
mi perra Tila
gusanos peludos cayendo de los plátanos
aprender a andar en bici en la plaza
salir a hacer una compra y guardarme el vuelto
irnos de camping a bañarnos en el río
tirar bombitas de agua en carnaval
cruzar a la casa de los vecinos
Pablo, Santiago,
jugar al cuarto oscuro y robarnos algún beso
Soledad peinándome al lado de la estufa a gas
saludar a los mandaderos del almacén desde la ventana.

PRIMO

Rearmo la valija
preparando el regreso,
ya no cargo
con aquellos regalos
que no pude darte
    —tu perfume, la camperita azul, el disco de pasta de U2—.

¿Llegué tarde?
¿Llegué a tiempo?

Llegué a enterrarte
junto a tus vivos
y a recitar kadish para elevarte.

Volé sobre el océano,
la mirada de tus ojos claros
entre las nubes tornasoladas,

las aguas más oscuras
también ahí,
el miedo de no verte más
    —la corriente del terror—.

PARÉNTESIS

El polvo se nos escabulle en la cabaña,
tu mano pequeña y la mía intentan agarrar
las partículas blancas que flotan en el aire,

mientras,
eso.

La vida en este paréntesis,
los mundos que creamos
son nuestros:

rayos de sol, aroma de madera,
la frazada áspera tapándonos los pies.

SORPRESA

Estos son los vellos
de mi niña

aún no ha cumplido tres
y ya se vislumbran
claros y desperdigados
asomando en sus piernitas.

¿Quién lo iba a decir?,
uno puede conmoverse
por las cosas
que, ya sabe,
sucederán.

JUGAR

Caminás con tu peluche de sirena
hacés movimientos
como si estuviese en el agua
tocás tu collar de caracola mágico
para convertirte en una
y para convertirme a mí también,
que, hundida en el sofá,
sin moverme,
imito una voz aguda
para entrar al juego.

¿Viví algo así con mi madre?

Recuerdo los días de fiebre
los paños fríos en la madrugada, los remedios,
el churrasco con puré,
café con leche en la cama todas las mañanas,
el beso de las buenas noches.

No la veo en el suelo
ni en el barro, ni en la arena.

Aun así
pienso en ella
y quiero abrazarla.

Esa fue la forma en que me amó
y le agradezco.

No es fácil ser mamá.

CABO POLONIO

No es solamente
por su lejanía,
ni por contener un mar inmenso
rodeado de dunas que juegan a esconderse.

El cabo posee algo único
ligado a la magia.
Por la noche el silencio inunda la aldea,
las estrellas todas vienen,
nos hacemos guiños con ellas.

Durante el día
compartimos vida junto a los lobos marinos,
vemos que algunos son muy violentos
pero eso no nos pertenece.

Adoptamos una forma
sin prisa ni decorado.

Luego nos tiramos en la arena a dejar que el sol nos acaricie.

La energía que tenemos
nos la provee la naturaleza.

CONTEMPLACIÓN

Hojas, dueñas de todo,
conviven con el tiempo
a la intemperie,
nada piden.

Yo las miro,
me gustaría ser como ustedes, digo.
Sostenida
en la danza del viento,
sin pretensiones.

MUDANZA

Queda por empacar la alfombra turquesa
la mesa ratona
la cómoda blanca destartalada.

Julia sabe que nos iremos del país
pero no que es su último día aquí,
en esta casa.
Y es que
no quise explicarle más,
vengo poniendo en palabras
demasiado para una niña de tres.

No entiende del todo y yo tampoco.

Pero ahí está ella,
con su mochilita de unicornio
y su conejo rosa
me agarra fuerte la mano
y yo también lo hago.

No solo las madres sostenemos a nuestros hijos
si no, mirala.

ADIÓS

Julia sale de la bañera
y se despide cantando

chau esponja
chau ballena
chau tacita
chau bañera
que la pasen bien.

Le pongo el uniforme
peino sus rulos
la dejo en el jardín
vuelvo al apartamento de Pocitos
a seguir organizando cajas.
Me falta guardar los peluches, las cosas del baño,
descolgar los cuadros.

Chau apartamento odiable
chau vecina
chau hollín
chau ruido de ómnibus
chau mugre de la vereda
chau lavadero
chau almacén
chau viento fuerte
chau rambla
chau amigos de la vida
chau almuerzo de domingo

chau mimos de bisabuelos
chau verlos crecer
chau verlos morir.

JUNGLA

Camino al parque
viste a tu amiga a lo lejos
y te detuviste a esperarla.

Alcancé a escuchar su vocecita:
I don't want to play with you.

Te miré,
corroboré que tu mundo siguiera intacto,
agradecí que aún no comprendieras el inglés.

Yo, sin esbozar gesto,
cogí fuerte tu mano
y tironeé para continuar.

La odié tanto a esa niña.

En el mundo de los afectos
somos todos animales sobreviviendo.

WASHINGTON DC

Me levanto en la madrugada
sabiendo que tuve sueños tristes
que es bien distinto a tener pesadillas,
el sueño triste se parece más a la realidad.

Sentada en el water
reviso el celular
veo un mensaje equivocado en facebook
alguien que cree conocerme,
aclaro la confusión y leo la respuesta:
I think we can be friends too,

obviamente es un fraude
ni me ilusiona.

Quisiera ir a tomar el té a la casa de alguien,
una familia que acoja
que me espere con algo rico
y pregunte cómo estoy,

pero este es el país
de la soledad.

De repente escucho el llanto de mi cachorra,
me apuro para salir
debo cuidar otro cuerpo
como se pueda.

DESPEDIDA

En el aeropuerto
después de la despedida
viendo los aviones desde la ventana,
la niña dice que ya extraña a los abuelos.

Al llegar a casa
veo la cocina,
en la pileta los platos
con la salsa de tomate
de la cena de anoche.

No los quiero limpiar,
por un rato más
quiero que las marcas
que dejaron se queden.

Entro al cuarto donde durmieron
veo las bolsas de compras
apiladas en una esquina
el frasco de un perfume sin resto,
miro la cama
dejaron las sábanas puestas.

Me acuesto ahí,
las huelo.

Soy una niña que quiere
ser arropada por sus padres.

¿Qué pasa con mi hija entonces?
¿Quién la arropa cuando me siento pequeña?

AEROPUERTO

Bajamos del primer avión corriendo,
coloco a Julia en el cochecito
y a Marcos en la mochila de porteo
para ganar velocidad.

Avanzamos mientras se escuchan
nuestros nombres en alto parlante.
Siento las gotas de sudor por mi cabeza
y las palpitaciones a mil.

Llegando al mostrador
hago señas al agente con el ticket de vuelo,
cuando subimos al otro avión destino Montevideo
veo que en el asiento de atrás
hay una madre con dos niños.

Ese simple hecho
me hace respirar.

Me siento en tribu y pienso:
todo va a estar bien.
Yo voy a estar para ella,
ella va a estar para mí.

INDEPENDENCIA

Tenías cuatro años
nos habíamos
quedado sin leche
y yo necesitaba aire.

Como el edificio era seguro
te pregunté si podías quedarte sola cinco minutos,
mamá cruzaba a comprar y volvía.
Me aseguraste que sí, estabas mirando la tele.

Confié en una niña, necesitaba hacerlo.

Me apresuré,
mi corazón latía muy fuerte.

Al regresar,
con la bolsa de compra en mano
el portero me detuvo,
acababa de recibir una llamada:
una vecina del piso estaba con mi hija.

Desesperada subí
y las vi en el pasillo.
Imagino que estaba durmiendo
y al despertarse se asustó y salió a buscarte,
dijo la señora.

Asentí confirmando su hipótesis
y te abracé temblando,
parecías tranquila,
solo necesitabas estar conmigo.

Pensé en esas madres
de los informativos,
las tragedias,
la responsabilidad
puesta en ellas.

Creí que ya podía
tener cinco minutos,
la ilusión de tu independencia.

La culpa me invadió por semanas,
recién ahora puedo escribir esto.

LLANTO

Julia llora porque su palo se le cayó al suelo
—una ramita seca y larga que agarró del parque—
lo recojo y se lo doy,
pero no lo acepta, lo tira,
se lo vuelvo a dar y lo tira.
Le digo, mirándola a los ojos:
tomá, acá está tu palo.

¡Mamá! —grita rabiosa—
¡Dejame que llore!

NEW YORK

Las pantallas encandilan
en Times Square
la gente nos empuja,
sopla fuerte el viento
nos escondemos
bajo capas de abrigo.

Tú, en el cochecito
con manta y campera.

Mientras contemplo,
también sufro:
ser madre me estresa.

Van cuatro años
y no han sido
suficientes
para entender
cómo compaginar.

Te quejás del frío,
no permitís que te abrigue,
rechazás el almuerzo,
pedís una curita.

¿Cómo estar pendiente
sin que eso me asfixie?

A la noche,
en la habitación oscura del hotel barato,
veo la montaña de ropa sobre la cama
y me recuesto con desgano.

Padre sugiere aire:
salgo sola, sin sutién y en pijama.
Doy vueltas por el barrio,
entro a T.J.Maxx, me compro un esmalte.

Camino por Manhattan
dejo que mis labios se agrieten,
que mis manos se sequen de frío.
Veo a un tipo con una chaqueta de plumas
y calzas coloridas.
Otra mujer con un bikini
que tiene la bandera de Estados Unidos,
una rata corriendo para camuflarse en el cantero
y el humo que sale de la alcantarilla.

Esta locura de ciudad
podría ser mi hogar,
el caos hermoso que contiene
se parece al nuestro.

ERAN TREINTA LOS MINUTOS QUE TENÍA

Me fui al Mcdonald's más cercano
y almorcé estacionada, masticando sin pausa
mientras miraba los coches pasar por la autopista.

También había otros
comiendo solos en sus autos,
un poco me daban pena
y yo también me daba.

Fue lo más parecido a estar escondida
regalándome placer.

Es por un rato solamente —me dije—,
ya pronto tendré que ir a buscar a mi hija
a pelarle su manzana en el parque.

Se puede fácilmente
destrozar cosas hermosas.

LIBERTAD

Estoy volando sola
después de cinco años
y es tanto el tiempo sin corte
sin *mirame mamá*
que me invade mi deseo
no interrumpido.

Podría dormir pero
solo quiero estar despierta,
mirar una película,
chusmear lo que hacen los otros,
comer en tranquilidad.

No olvidarme de esto
que alguna vez creí,
perdería para siempre.

OTROS

Me había olvidado
lo que era estar a solas
con un chico desconocido,
otro que no fueras vos.

Me sentí púber otra vez:
silencios incómodos
cubiertos de charlas banales
miradas de reojo
espiando partes.

Es una sensación
muy importante
como para dejarla,

el cosquilleo interior, la curiosidad,
la respiración acelerándose.

Extrañaba esto,
¿a vos te pasará lo mismo?

FLORES

La flor despliega su belleza
el tallo se alarga
los pétalos se abren.

El cuidado debe ser meticuloso
cualquier exceso
falta de luz
o ráfaga de viento
puede marchitarla.

Aun en su hogar
las flores están en riesgo.

¿Cómo es que brotan,
se iluminan,
en el mismo terreno
que podría matarlas?

CIELO

Tenía tiempo
y lloré
en la gran avenida
junto a los árboles tupidos
vi dos estrellas
la luna
el cielo manchado
de tonos opacos
y al fondo el azul
el ancho cielo azul.

Eso fue suficiente
para seguir andando.

COLEGIO

El otro día
una mamá
me contó que su hija
de nueve años sufre ansiedad,
le dijo que nadie en la escuela
quiere jugar con ella.

Esta madre
decidió retirarla más temprano de clase
para ir a comer juntas,
fue clara con ella:
Yo siempre voy a tener ganas de estar contigo.

Desde que vivo en Estados Unidos
las personas me parecen robots,
no puedo conectar con ellos,
todo lo miden,

y esta madre
podría encajar
en este estereotipo mío,

sin embargo
me ha mostrado
que en el cuidado de lo que importa
el sentimiento es universal.

THE MOST PRECIOUS MOMENTS

Tomo este capuchino en Le Pain Quotidien,
me gusta por su tamaño plus
y por la galletita que viene de regalo,
además me ayuda a olvidar por un rato
el tironeo de los puntos del parto,
el cansancio de las primeras semanas.

A mi lado el bebé empieza a inquietarse,
lo sé porque mueve rápido
sus piernitas sin coordinación
y hace ruidos con la boca.

Entonces dejo el café algo frustrada y lo pongo en el pecho,
se engancha con facilidad y empieza a alimentarse.

Al sacarlo,
mientras me acomodo la remera
una señora nos ve y me dice:

The most precious moments
(tocándose el corazón)
su piel enrojecida, el brillo en sus ojos.

Lo dice otra vez
y otra vez mientras se va alejando;
tanto repite
que saca de mí el fastidio,

me trae la ternura
que produce esto que vivo,
el reflejo del amor.

RESFRÍO

Mi bebé tiene dos meses
recién cumplidos,
estoy dándole el pecho
con un tapabocas puesto
y con un pañuelo descartable
en cada narina.

A mi lado
sobre la cama, la caja de pañuelos,
al otro una montaña de ellos.

Mi bebé no se entera
llora desconsolado
pide teta
se hace caca en mitad de la noche
se mancha su ropita

y cuando al fin se duerme
suspira,
se ríe en silencio.

Su ingenuidad me da la fuerza
que no tengo.

CUERPO

La línea nigra sigue estando ahí,
mis pechos producen leche
segundo a segundo.

Hoy,
a cuatro meses y medio de haber parido,
estoy menstruando otra vez.

No hay tregua para este cuerpo,
trabaja sin parar.

MATERNAR

Ese momento en que una madre siente
que ella
es lo único que su hijo necesita.

No es absolutamente verdad,
pero hay un momento
         —abrumador—
que se siente así.

Nos resignamos y pensamos:
ahora funciona de este modo,
tendré que ser para otro siempre.

ANANÁ

Ya era de noche
me senté en el sofá
verde de terciopelo,
tenía la ananá esperando,
mi agua con gas favorita.

Puse el último capítulo de la serie
y justo al comenzar
escuché al bebé llorar
otra vez,
la cuarta desde que lo dormí.

Me molestó pero respondí,
me acerqué a la cuna en silencio,
masticando el trozo de fruta,
lo cogí en brazos y al dejarlo
otra vez, el llanto.

Entonces lo llevé a mi cama,
me acosté a su lado
vestida con la ropa del día,
el maquillaje sin quitar,
y ahí, él sí estaba bien.

Toqué su piel suave
olí su pelo
y me quedé
añorando.

NIÑERA

Hijo de mirada profunda
ahora te sostengo fuerte mientras te amamanto
para estar tranquila y para que lo sientas.

Tomás mi pulgar, tu mano está tibia
tus uñas me pinchan,
no importa,
para que lo sientas: estoy tranquila.

Ayer pasó algo terrible,
te dejé con alguien que no sabía
que no supo:

lo más preciado de una madre
son sus crías.

La encontré
profundamente en un sueño
mientras tú
solo
en tu cochecito a oscuras
junto a un rayo de sol que asomaba.

Me temblaban las piernas.

Pensé en ella,
que necesitaba trabajar,
ayudar a su familia.

Aun así
no pude entender
que alguien
se tome ese derecho,
desatender
lo más sagrado.

Una canción de No te va a gustar dice:
con hambre no se puede pensar.

Bueno, con niños en la vuelta tampoco.

PUERPERIO

Me veo rezándole a dios
por una buena noche.

La desesperación
nos hace a todos creyentes.

CÓMO DORMÍS

Revoleás tus ojos
con la boca abierta
tu pequeña lengua
se mantiene inmóvil.

Escucho tu respiración,
un ruido fino
casi imperceptible.

No dura mucho
pero siempre que sucede
me detengo.

Un bichito dulce
con su pijama de hojas verdes
las palmas cerradas
los dedos escamados
sus uñitas largas
los labios tersos
color rosa.

AUTO

Extraño cómo era
cantarte cuando estabas en la panza:
te movías estirando mi piel,
yo era un sitio seguro
para los dos.

Me da nostalgia
pensarlo.

Ahora, te canto en el auto
mientras duermes fuera de mí,

te veo por el espejo
con tu manta amarilla,
hacés ruiditos
respirás suave.

El viento del otoño
y el polen de los árboles
se cuelan por la ventanilla.

PLACEBO

Mientras cruzamos
la calle de árboles pelados
veo cómo la neblina
tapa los techos inclinados de las casas
y pienso en dar más vueltas en el auto
así estiro el tiempo.

No quiero llegar.

Al pasar
por la puerta de nuestro garaje
sigo de largo.

Los niños atrás
miran por la ventana
cantan sus canciones.

Un par de minutos más
no cambiarán demasiado
esta pesadez.

Si acaso espaciarán
las tareas:
colgar la ropa
preparar meriendas
cambiar pañales.

Serán apenas un placebo
para evitar volver a casa
a tener que ocuparme de otros
con el pelo sucio
y las uñas rotas.

RECIBIR

Se posó un pajarito
sobre mi balcón

lo noté porque
su silbido aterciopelado
me atrajo,

de otro modo
mi encierro
no me hubiese
permitido contemplarlo.

salí de mí

me acordé
del mundo.

EDU COCINA RISOTTO CON CHAMPIÑONES

Mientras le agrega vino al arroz
se desprende de la olla un aroma a hogar,
aunque revuelva la mezcla en silencio
sé que está contento.

Sin embargo, yo
estoy ofuscada.

Los hombres nunca
sintieron esta culpa
por no brindar alimento,
la ternura de lo casero.

Nosotras en cambio,
entreveradas
en las tareas escolares,
las vacunas al día,
la ropa limpia.

Anhelamos que surja algo de amor ligero
—un olor a canela y manzana—
en la desidia rutinaria.

¿Cómo saberte solamente mío?

Ni las flores creen
que cuando el agua cae
es sólo para ellas.

VIDA

Pensé de nuevo en qué
sorprendente es que elijamos a alguien de entre las
innumerables personas que fluyen como cardúmenes
de anchoas plateadas
ELLEN BASS

Transcribí
el poema de amor más bello,
lo copié a mano
con colores
en papel perfumado
para regalártelo.

Era lo justo,
fuiste tú
el que apareció en mi mente,
y me enternecí
como cuando veo
nuestras fotos;

sin canas,
la piel lisa y brillante,
de camping en la Pedrera
junto a un perro callejero,
recorriendo las calles de Madrid,
riéndonos en la hamaca paraguaya.

Crear vida y hacerle lugar:
encontrarnos en medio

de las obligaciones,
preparar viandas,
bañar a los niños

escuchar nuestro deseo
-aunque este nos aleje-.

Abrazarnos fuerte,
sabiendo
lo que hemos sacrificado.

Gracias Ger, Iael, Maxi, Juana, Tommy. Gracias amigas por el amor infinito que me sostiene.
Gracias Manuela Gómez, sin ti este libro no hubiese sido posible.

ÍNDICE